まちごとインド

West India 021 Gujarat
はじめてのグジャラート
アーメダバード・チャンパネール・カッチ

Asia City Guide Production

【白地図】西インド主要都市

INDIA
西インド

【白地図】アーメダバード

INDIA
西インド

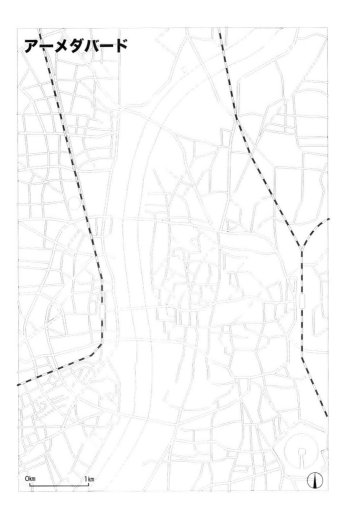

【白地図】アーメダバード旧市街

INDIA
西インド

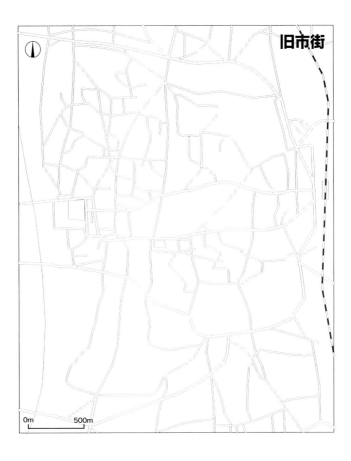

【白地図】チャンパネールパーヴァガドゥ遺跡公園

INDIA
西インド

【白地図】ヴァドダラー

INDIA
西インド

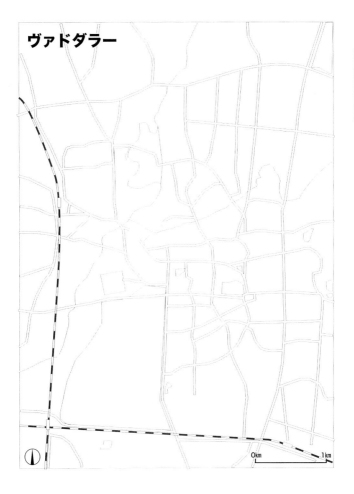

【白地図】カッチ地方

INDIA
西インド

カッチ地方

Gujarat 白地図

【白地図】ブジ

INDIA
西インド

【まちごとインド】
西インド 011 はじめてのマハラシュトラ
西インド 012 ムンバイ
西インド 013 プネー
西インド 014 アウランガバード
西インド 015 エローラ
西インド 016 アジャンタ
西インド 021 はじめてのグジャラート
西インド 022 アーメダバード
西インド 023 ヴァドダラー（チャンパネール）
西インド 024 ブジ（カッチ地方）

INDIA
西インド

　インド西部に広がるグジャラート州は、中央アジアとガンジス河中流域、南インドへつながる地の利から、古くよりアラビア海を通じた商業が盛んな土地柄だった。インド有数の商工業都市アーメダバードを中心に、インダス文明遺跡やジャイナ教聖地といった史跡も豊富に残っている。

　西インドは中央アジアの異民族がインドをうかがうための通路にあたり、グジャラートという地名も6世紀ごろ、この地に侵入してきたグルジャラ族に由来する。異なる文明が交わってグジャラートの文化が形成され、とくに中世グジャラー

Gujarat
グジャラート
ગુજરાત

　ト王国の時代にはイスラム教とヒンドゥー教の融合した文化が育まれた。

　こうしたなかで伝統的に優れた織物、工芸品、建築が生み出され、それらはグジャラート様式としてインド中に知られている。またこの州出身のマハトマ・ガンジーに影響をあたえたジャイナ教の影響が強いことから、ベジタリアンが多く、一般的な人々は酒を飲まない禁酒州となっている。

【まちごとインド】
西インド 021 はじめてのグジャラート

INDIA
西インド

目次

はじめてのグジャラート	xvi
異文化が隣りあわす大地	xxiii
アーメダバード	xxviii
アーメダバード城市案内	xxx
チャンパネールパーヴァガドゥ遺跡公園(ヴァドダラー)	xlii
チャンパネール城市案内	xliv
カッチ	liii
カッチ城市案内	lviii
原色で彩られた世界へ	lxiv

【MEMO】

【地図】西インド主要都市

INDIA
西インド

西インド
主要都市

異文化が
隣りあう
大地

北西から繰り返しインドに侵入してきた異民族
異文化と土着の勢力が交わりながら
西インド独特の文化が育まれてきた

グジャラートという地

東部の沖積平野、カーティアワール半島、西部のカッチ地方からなるグジャラート州。繰り返し異民族が侵入し、土着化してきたインドの歴史にあって、グジャラートという地名は6世紀、フン族とともにこの地に侵入してきた遊牧騎馬民族グルジャラ族にちなむ（11〜12世紀のチャウルキヤ朝時代に「グルジャラ族が多く暮らす地」という意味でつけられた）。グプタ朝崩壊後のラージプートの時代（8〜12世紀）には、グルジャラ族からわかれたプラティハーラ朝が西インドから天下をうかがって勢力をほこることもあった。

▲左　グジャラート出身のガンジーが描かれている、アーメダバード鉄道駅にて。　▲右　カッチ地方の子どもたち

息づくジャイナ教の伝統

グジャラート州はジャイナ教徒が多く暮らすことで知られ、この州に生まれたマハトマ・ガンジーの「非暴力」の思想はジャイナ教から大きな影響を受けたと言われる。11〜12世紀のチャウルキヤ(ソーランキー)朝時代、王朝の保護のもと、この地方のアーブー山、シャトルンジャヤ山、ギルナール山の山頂にジャイナ教寺院がつくられ、それらは聖地となっている（王がジャイナ教の大学者ヘーマチャンドラの感化を受けた）。13世紀以後、イスラム勢力の侵入を受けるようになったあとも、ジャイナ教徒は高い地位をたもち、商業などで活

西インド

▲左 肉が使われていないグジャラート料理。 ▲右 美しい装飾で彩られたモスク、中世のグジャラート建築

躍した。

グジャラートの工芸品

精緻な彫刻がほどこされた建築はじめ、グジャラート地方では細やかな職人技が光る織物、工芸品、木版画などが街を彩っている。また綿花や藍などの豊かな物産がとれる土地柄もあって、女性たちは鮮やかな原色のサリーや民族衣装を身につけ、その生地には美しいミラーワーク、刺繍が見える。グジャラートではこうした伝統産業が現在でも受け継がれていて、その品質の高さはインドでも知られたものとなっている。

INDIA
西インド

【アーメダバード】
ジャマー・マスジッド /
スッディサイヤド・モスク /
アフマド・シャー・モスク /
ダーダー・ハリーの階段井戸 /
ハティーシング寺院 /
キャリコ博物館 /
サバルマティー・アーシュラム /
アダラジの階段井戸 /
ガンジーナガル

　サバルマティー川をはさんで東に旧市街、西に新市街が位置するグジャラート州最大の街アーメダバード。1411年にこの街を造営したグジャラート王国のスルタン・アフマド・シャー1世からその名前がとられた（「アフマドの街」を意味する）。

　アーメダバード旧市街には、グジャラート様式と呼ばれる中世のモスクや城門が残り、15世紀に建てられたジャマー・マスジッドは今でも人々に利用されている。一方で新市街ではインドを代表する企業が集まり、街中にはル・コルビュジ

Ahmedabad અમદાવાદ
アーメダバード

エやルイス・カーンといった 20 世紀を代表する建築家による建物も見られる。

このようなアーメダバードは「インド独立の父」ガンジーが修道場アーシュラムを構え、「非暴力」「不服従」といった思想の実践をした場所でもある。ガンジーの修道場はかつて街の郊外にあったが、現在ではそれをとり込むように街は拡大し、インド有数の商工業都市となっている。

Guide, Ahmedabad
アーメダバード
城市案内

INDIA
西インド

中世以来の街並みをもつ旧市街
猛烈な数のリキシャが走り人が行き交う
西インドを代表する街の姿

ジャマー・マスジッド Jamma Masjid ［★★☆］

アーメダバード旧市街のマネク・チョウクに立つジャマー・マスジッド。この街を造営したアフマド・シャー1世の命で1424年に建設され、以来、現在にいたるまでイスラム教徒が集団礼拝を行なう場となっている。礼拝所には260本の柱が林立し、インドを代表するモスクにあげられる(ヒンドゥー建築の技法で、イスラム建築が建てられている)。

▲左　モスク壁面の装飾、グジャラート職人の技が光る。　▲右　街の中心に立つジャマー・マスジッド

スッディサイヤド・モスク Sidi Saiyad Masjid ［★☆☆］

旧市街西側の起点となるスッディサイヤド・モスク。アーメダバードの造営がはじまったばかりの1412年に建てられた（ジャイナ寺院やヒンドゥ寺院の石材が転用されている）。

アフマド・シャー・モスク Ahmad Shah's Masjid ［★☆☆］

サバルマティー川近くに立つアフマド・シャー・モスク。1411年に建てられたアーメダバードのもっとも古いモスクとして知られる。

INDIA
西インド

▲左　中世以来の伝統をもつ旧市街、細い道を何台ものリキシャがゆく。
▲右　ダーダー・ハリーの階段井戸、上部から井戸をのぞく

ダーダー・ハリーの階段井戸 Dada Harir's Vav ［★★☆］

乾燥した気候をもつことから、西インドでは階段井戸が掘られてきた。ダーダー・ハリーの階段井戸は、グジャラート王国第7代スルタン・マフムード・ベガラ（1458〜1511年）のハレムに仕えた女性によるもので、モスク、廟が一体となった複合建築となっている。

ハティーシング寺院 Hathee Singh Jain Temple ［★★☆］

ハティーシング寺院は、アーメダバード最大のジャイナ教寺院。ジャイナ教徒の商人シェトハティーシングの寄進で19

【MEMO】

【地図】アーメダバード

【地図】アーメダバードの [★★☆]
- [ ] ジャマー・マスジッド Jamma Masjid
- [ ] ハティーシング寺院 Hathee Singh Jain Temple
- [ ] ダーダー・ハリーの階段井戸 Dada Harir's Vav
- [ ] キャリコ博物館 Calico Museum
- [ ] サバルマティー・アーシュラム Sabarmati Ashram

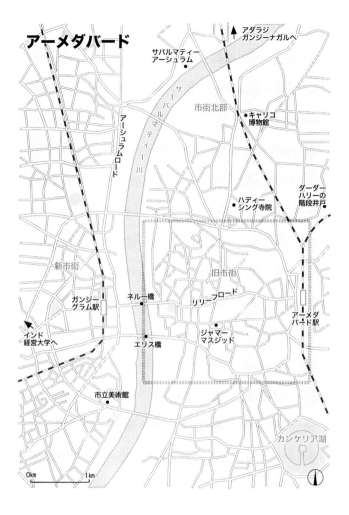

INDIA
西インド

▲左　ガンジーのアーシュラム、サバルマティー・アーシュラム。　▲右　ジャイナ教寺院のハティーシング寺院

世紀に建てられ、壁面や柱にほどこされた彫刻や意匠からグジャラート様式の白眉にあげられる。

キャリコ博物館 Calico Museum ［★★☆］

世界的に知られたグジャラート産の綿織物が展示されたキャリコ博物館。グジャラート州では、インダス文明の時代から綿業の伝統があったと考えられる。

サバルマティー・アーシュラム Sabarmati Ashram［★★☆］

20世紀にガンジーが拠点を構え、その家族や支持者と暮ら

【MEMO】

【地図】アーメダバード旧市街

【地図】アーメダバード旧市街の [★★☆]
- [ ] ジャマー・マスジッド Jamma Masjid

【地図】アーメダバード旧市街の [★☆☆]
- [ ] スッディサイヤド・モスク Sidi Saiyad Masjid
- [ ] アフマド・シャー・モスク Ahmad Shah's Masjid

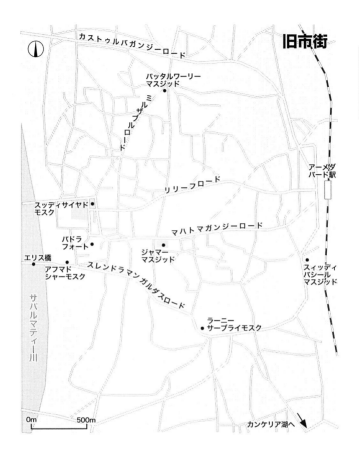

INDIA
西インド

したサバルマティー・アーシュラム。「非暴力」「不服従」によるインド独立運動の中心地となった場所で、ここから「塩の行進」がはじめられた（イギリスの専売だった「塩」を海岸まで歩きインド人自らの手でつくる運動）。現在はガンジーゆかりの品や写真が展示されている。

アダラジの階段井戸 Adalaj Vav ［★★★］

「西インドでもっとも美しい」という階段井戸が残るアダラジ村。1499年に掘られたもので、階段状の井戸の柱、壁面はくまなく彫刻がほどこされ、最奥の地下へと続いている。

▲左 井戸の底から天井を見る八角形のプラン。 ▲右 数ある階段井戸のなかでも最高峰にあげられるアダラジ近くのバザール

柱と梁が繰りなす空間は、夏でも涼しく、かつて王族が涼をとっていたという。アーメダバードから北に 20km。

ガンジーナガル Gandhinagar [★☆☆]

アーメダバードの北 25km に位置するグジャラート州の州都ガンジーナガル。1960 年になってから新たに政府機能をもつ行政都市として造営された。

【チャンパネールパーヴァガドゥ遺跡公園(ヴァドダラー)】

チャンパネール /
パーヴァガドゥ山 /
ヴァドダラー (バローダ)

INDIA
西インド

中世グジャラート王国 (1408〜1573年) 時代に造営されたモスクや階段井戸などの遺構が残るチャンパネール-パーヴァガドゥ遺跡公園。都市が破棄されたゆえに美しい状態を今に伝え、その建築水準の高さや保存状態から世界遺産にも指定されている。

グジャラート王国の都はアーメダバードにあったが、第7代スルタン・マフムード・ベガラの命で1484年に新たにチャンパネールに都市が造営された。そこではグジャラート地方独特の柱と梁というヒンドゥー建築様式で、モスクなどのイ

Champaner-Pavagadh Archaeological Park
チャンパネール - パーヴァガドゥ遺跡公園

スラム建築が建てられていった。

またこのイスラム王朝の都市の南西にそびえるパーヴァガドゥ山は4世紀以来、ヒンドゥー王国の都がおかれた場所だとされる。現在ではヒンドゥー教の聖地として人々の信仰を集め、山上を目指す多くの巡礼者の姿が見られる。

Guide, Champaner-Pavagadh
チャンパネール城市案内

INDIA 西インド

のんびりとした村に点在する遺構
イスラム都市遺跡とヒンドゥー聖地
というふたつの顔が見られる

チャンパネール Champaner ［★★★］

のどかな景色が広がるチャンパネールのイスラム都市遺跡。15世紀、アーメダバードに準ずるグジャラート王国の都がここに造営された。この都はわずか25年ほどで放棄されたために、当時を彷彿とさせる建築群が残り、とくにグジャラート建築の傑作ジャマー・マスジッド、ボラー・マスジッド、ケウダ・マスジッド、ナギーナ・マスジッドなどのモスクが名高い。

▲左　パーヴァガドゥ山、ヒンドゥー教の聖地となっている。　▲右　世界遺産にも指定されているチャンパネールのジャマー・マスジッド

パーヴァガドゥ山 Pavagadh ［★☆☆］

放棄された都市チャンパネールとは対照的に多くの巡礼者を集めるパーヴァガドゥ山。古くヒンドゥー王国の都がおかれた場所で、山上にはカリカマタ寺院が立っている。

【地図】チャンパネールパーヴァガドゥ遺跡公園

【地図】チャンパネールパーヴァガドゥ遺跡公園の [★★★]
- [ ] チャンパネール Champaner

【地図】チャンパネールパーヴァガドゥ遺跡公園の [★☆☆]
- [ ] パーヴァガドゥ山 Pavagadh

【地図】ヴァドダラー

【地図】ヴァドダラーの [★★☆]
□ ヴァドダラー（バローダ）Vadodara

INDIA
西インド

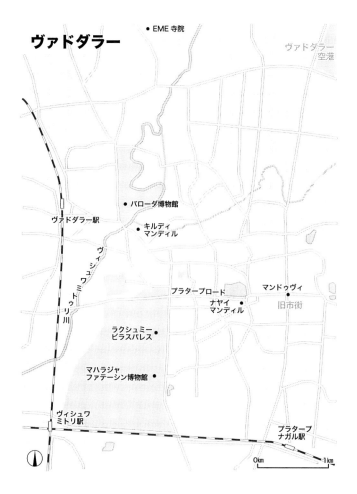

▲左 ヴァドダラー旧市街の城門。 ▲右 ヴァドダラーの博物館、この街を象徴する建物

ヴァドダラー（バローダ）Vadodara ［★★☆］

チャンパネール-パーヴァガドゥ遺跡公園への起点となるヴァドダラー（この街から北東に45km）。グジャラート州を代表する都市として知られ、アーメダバードとムンバイを結ぶ要衝に位置する。1947年にインドが独立するまでマハラジャがこの都をおさめていて、宮殿跡ラクシュミー・ビラス・パレス、マハラジャ・ファテーシン博物館などマハラジャゆかりの建物が今でも残る。

【カッチ】
ブジ /
カッチ地方の少数民族

INDIA
西インド

　グジャラート州西部に位置するカッチ地方には、パキスタンへと続く東西250km、南北150kmの塩性の湿地帯が横たわっている。このカッチ湿地は標高がほとんどないことから、雨季には冠水して海とつながり、乾季には乾いた不毛地帯へと変化する。

　北側の大カッチ湿地と東側の小カッチ湿地が冠水するとインドの陸地とは切り離されてこの地は島状になり、くわえてグジャラートよりもシンド地方（パキスタン）に近い文化をもつ。こうした地理条件から、カッチでは独特の文化や民俗、

Kutch
カッチ

人々の暮らしぶりが見られる。

　ラジャスタンやシンド地方から移住してきた人々、また伝統的な生活を続ける少数民族の村々が点在し、それらの中心にかつてのマハラジャ宮殿が残るブジがある。ブジやその周辺の村では鮮やかな民族衣装をまとった人々に出合うことができ、カッチの人々の手による刺繍や木工品、織物などはカッチ・ワークの名で知られる。

INDIA
西インド

▲左 カッチ藩王国の王の宮殿プラグ・マハル。　▲右 ブジから離れるとすぐに景色が変わる

▲左 円型家屋に藁葺き屋根、カッチ地方の伝統民居。　▲右 シラフバザールのにぎわい

【MEMO】

【地図】カッチ地方の [★★☆]

☐ ブジ Bhuj

カッチ地方

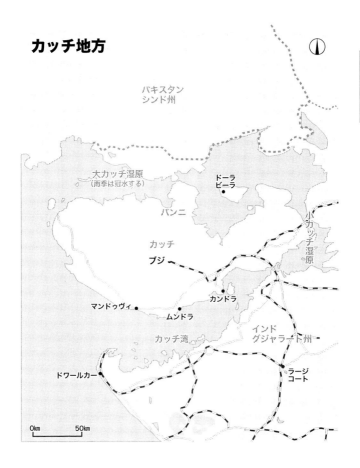

Guide,
Kutch
カッチ
城市案内

INDIA
西インド

陸の孤島のようなカッチ地方
のんびりとした農村が見られるなど
インドの他の地域とは雰囲気を異にする

ブジ Bhuj [★★☆]

ブジはカッチ地方の中心都市で、ここには16世紀から20世紀まで王の統治する藩王国があった。街の中心に位置するプラグ・マハル、アイナ・マハルはその宮殿跡で、そこから東にバザールが走っている。またこの地方の民俗や文化を伝えるカッチ博物館、民俗博物館などがおかれている。

カッチ地方の少数民族

他のインドの街と同じく、カッチ地方にはヒンドゥー教徒とイスラム教徒が共存し、とくにブジ近郊には少数民族が多く

【MEMO】

【地図】ブジの [★★☆]

☐ ブジ Bhuj

西インド

▲左 民族衣装をまとった少女、ショール姿が印象に残る。　▲右 ターバンに豊かなひげをたくわえるご老人

暮らすことで知られる。ラバリ族、ムトゥワ族、メグワル族、アヒール族などがそれで、男性はターバンにゆったりとしたズボン、女性は前かけのような上着にショールを身につけるなど、各民族ごとに特徴ある衣装を着用している。

原色で彩られた世界へ

INDIA 西インド

アラビア海へ続くグジャラート地方
あでやかなサリーをまとった女性
精緻な工芸品が街を彩る

グジャラートの言葉

グジャラートで話されているグジャラート語は、ヒンディー語と同じインド・アーリア語に属する。中世、アーメダバードを中心としたイスラム王朝（グジャラート王国など）が続いた影響もあって、グジャラート語の語彙の多くがペルシャやアラビア語からとり入られているという。また文字はデーヴァナーガリー文字に似たグジャラート文字が使われ、マハトマ・ガンジーの記した文字であることが知られる（ヒンディー語のように横につながる棒線がない）。1960年、このグジャラート語を公用語とするグジャラート州がボンベイ州

▲左　家屋の壁面に描かれた文様、食器も幾何学的にならべてある。　▲右　糸や布、グジャラート地方では豊かな「衣」の文化が育まれた

から切り離されて誕生した。

最高品質の綿

グジャラート地方は古くから最高品質の綿がとれる産地として有名で、大航海時代の16世紀には20〜30種類ものグジャラート産綿布が輸出されていたという（肌ざわりがよく清潔、安価で丈夫な綿はインドの特産品だった）。その輸出先は、ヨーロッパ、東南アジア、東アフリカ、中国と世界中に広がり、グジャラート地方の富の源泉となっていた。アーメダバードは綿の集散地となっていて、イギリス支配下の1861年に

INDIA
西インド

▲左　グジャラート商人、かつてインド洋交易で活躍した。　▲右　丸々としたグジャラートの文字

綿紡績工場が建設され、いち早く綿業の工業化が行なわれた。1864年に開業した鉄道がアーメダバードとムンバイを結び、グジャラート産の綿をヨーロッパへと運び出した。

中世グジャラート商人の栄光

1498年、ヴァスコ・ダ・ガマをインドへ案内したのはイスラム教徒のグジャラート商人だったと伝えられる。アラビア海に面した良港とデリーやガンジス河中流域といった後背地をもつことなどから、グジャラート商人は、ペルシャや東アフリカ、デカン、東南アジアに進出するなどインド洋交易で

INDIA
西インド

活躍した。海が不浄とは考えないジャイナ教徒、バニアと呼ばれるヒンドゥー教徒の商人カーストが知られ、パルシーとならんで西インドの商業の担い手となってきた。16世紀初頭からポルトガル人によってインド洋での地位を奪われたが、当時、海外で活躍するインド商人の多くがグジャラート人だったという。

インダス文明

インダス川とガッガル・ハークラー川のほとりの広大な地域に分布するインダス文明遺跡。パキスタンのパンジャーブや

▲左　スーラト駅の様子、かつて海上交易の拠点だった。　▲右　アーメダバード郊外のサルケジにて

シンドを中心に、グジャラート州にも数百を超えるというインダス文明遺跡が残っている。この州に残るドーラビーラ（カッチ湿原）、ロータル（カーティヤワール半島）はモヘンジョ・ダロやハラッパに準ずる規模となっていて、古代から人類が足跡を記した場所として知られる。

参考文献

『インド建築案内』(神谷武夫/TOTO出版)

『ムガル都市』(布野修司・山根周/京都大学学術出版会)

『都市の顔インドの旅』(坂田貞二・臼田雅之・内藤雅雄・高橋孝信/春秋社)

『グジャラート系イスラーム建築の様式と技法に関する研究』(石井昭・山田美智子/学術講演梗概集)

『KUTCH』(P.J.Jethi/ Aina Mahal)

『世界大百科事典』(平凡社)

まちごとパブリッシングの旅行ガイド
Machigoto INDIA , Machigoto ASIA , Machigoto CHINA

【北インド - まちごとインド】

001 はじめての北インド
002 はじめてのデリー
003 オールド・デリー
004 ニュー・デリー
005 南デリー
012 アーグラ
013 ファテープル・シークリー
014 バラナシ
015 サールナート
022 カージュラホ
032 アムリトサル

【西インド - まちごとインド】

001 はじめてのラジャスタン
002 ジャイプル
003 ジョードプル
004 ジャイサルメール
005 ウダイプル
006 アジメール(プシュカル)
007 ビカネール
008 シェカワティ
011 はじめてのマハラシュトラ
012 ムンバイ
013 プネー
014 アウランガバード
015 エローラ
016 アジャンタ
021 はじめてのグジャラート
022 アーメダバード
023 ヴァドダラー(チャンパネール)

024 ブジ(カッチ地方)

【東インド - まちごとインド】

002 コルカタ
012 ブッダガヤ

【南インド - まちごとインド】

001 はじめてのタミルナードゥ
002 チェンナイ
003 カーンチプラム
004 マハーバリプラム
005 タンジャヴール
006 クンバコナムとカーヴェリー・デルタ
007 ティルチラパッリ
008 マドゥライ
009 ラーメシュワラム
010 カニャークマリ
021 はじめてのケーララ
022 ティルヴァナンタプラム
023 バックウォーター(コッラム〜アラップーザ)
024 コーチ(コーチン)
025 トリシュール

【ネパール - まちごとアジア】

001 はじめてのカトマンズ
002 カトマンズ
003 スワヤンブナート

004 パタン
005 バクタプル
006 ポカラ
007 ルンビニ
008 チトワン国立公園

【バングラデシュ - まちごとアジア】

001 はじめてのバングラデシュ
002 ダッカ
003 バゲルハット（クルナ）
004 シュンドルボン
005 プティア
006 モハスタン（ボグラ）
007 パハルプール

【パキスタン - まちごとアジア】

002 フンザ
003 ギルギット（KKH）
004 ラホール
005 ハラッパ
006 ムルタン

【イラン - まちごとアジア】

001 はじめてのイラン
002 テヘラン
003 イスファハン
004 シーラーズ
005 ペルセポリス
006 パサルガダエ（ナグシェ・ロスタム）
007 ヤズド
008 チョガ・ザンビル（アフヴァーズ）
009 タブリーズ
010 アルダビール

【北京 - まちごとチャイナ】

001 はじめての北京
002 故宮（天安門広場）
003 胡同と旧皇城
004 天壇と旧崇文区
005 瑠璃廠と旧宣武区
006 王府井と市街東部
007 北京動物園と市街西部
008 頤和園と西山
009 盧溝橋と周口店
010 万里の長城と明十三陵

【天津 - まちごとチャイナ】

001 はじめての天津
002 天津市街
003 浜海新区と市街南部
004 薊県と清東陵

【上海 - まちごとチャイナ】

001 はじめての上海
002 浦東新区
003 外灘と南京東路
004 淮海路と市街西部
005 虹口と市街北部
006 上海郊外（龍華・七宝・松江・嘉定）
007 水郷地帯（朱家角・周荘・同里・甪直）

【河北省 - まちごとチャイナ】

001 はじめての河北省
002 石家荘
003 秦皇島
004 承徳
005 張家口
006 保定
007 邯鄲

【江蘇省 - まちごとチャイナ】

001 はじめての江蘇省
002 はじめての蘇州
003 蘇州旧城
004 蘇州郊外と開発区
005 無錫
006 揚州
007 鎮江
008 はじめての南京
009 南京旧城
010 南京紫金山と下関
011 雨花台と南京郊外・開発区
012 徐州

【浙江省 - まちごとチャイナ】

001 はじめての浙江省
002 はじめての杭州
003 西湖と山林杭州
004 杭州旧城と開発区
005 紹興
006 はじめての寧波
007 寧波旧城
008 寧波郊外と開発区
009 普陀山
010 天台山
011 温州

【福建省 - まちごとチャイナ】

001 はじめての福建省
002 はじめての福州
003 福州旧城
004 福州郊外と開発区
005 武夷山
006 泉州
007 厦門
008 客家土楼

【広東省 - まちごとチャイナ】

001 はじめての広東省
002 はじめての広州
003 広州古城
004 天河と広州郊外
005 深圳（深セン）
006 東莞
007 開平（江門）
008 韶関
009 はじめての潮汕
010 潮州
011 汕頭

【遼寧省 - まちごとチャイナ】

001 はじめての遼寧省
002 はじめての大連
003 大連市街
004 旅順
005 金州新区

006 はじめての瀋陽
007 瀋陽故宮と旧市街
008 瀋陽駅と市街地
009 北陵と瀋陽郊外
010 撫順

【重慶 - まちごとチャイナ】

001 はじめての重慶
002 重慶市街
003 三峡下り（重慶〜宜昌）
004 大足

【香港 - まちごとチャイナ】

001 はじめての香港
002 中環と香港島北岸
003 上環と香港島南岸
004 尖沙咀と九龍市街
005 九龍城と九龍郊外
006 新界
007 ランタオ島と島嶼部

【マカオ - まちごとチャイナ】

001 はじめてのマカオ
002 セナド広場とマカオ中心部
003 媽閣廟とマカオ半島南部
004 東望洋山とマカオ半島北部
005 新口岸とタイパ・コロアン

【Juo-Mujin（電子書籍のみ）】

Juo-Mujin 香港縦横無尽
Juo-Mujin 北京縦横無尽
Juo-Mujin 上海縦横無尽

【自力旅游中国 Tabisuru CHINA】

001 バスに揺られて「自力で長城」
002 バスに揺られて「自力で石家荘」
003 バスに揺られて「自力で承徳」
004 船に揺られて「自力で普陀山」
005 バスに揺られて「自力で天台山」
006 バスに揺られて「自力で秦皇島」
007 バスに揺られて「自力で張家口」
008 バスに揺られて「自力で邯鄲」
009 バスに揺られて「自力で保定」
010 バスに揺られて「自力で清東陵」
011 バスに揺られて「自力で潮州」
012 バスに揺られて「自力で汕頭」
013 バスに揺られて「自力で温州」

【車輪はつばさ】
南インドのアイラヴァテシュワラ寺院には建築本体に車輪がついていて寺院に乗った神さまが人びとの想いを運ぶと言います。

・本書はオンデマンド印刷で作成されています。
・本書の内容に関するご意見、お問い合わせは、発行元のまちごとパブリッシング info@machigotopub.com までお願いします。

まちごとインド
西インド021はじめてのグジャラート
〜アーメダバード・チャンパネール・カッチ［モノクロノートブック版］

2017年11月14日　発行

著　者	「アジア城市（まち）案内」制作委員会
発行者	赤松　耕次
発行所	まちごとパブリッシング株式会社
	〒181-0013　東京都三鷹市下連雀4-4-36
	URL http://www.machigotopub.com/
発売元	株式会社デジタルパブリッシングサービス
	〒162-0812　東京都新宿区西五軒町11-13
	清水ビル3F
印刷・製本	株式会社デジタルパブリッシングサービス
	URL http://www.d-pub.co.jp/

MP028

ISBN978-4-86143-162-3 C0326　　　Printed in Japan
本書の無断複製複写（コピー）は、著作権法上での例外を除き、禁じられています。